AF452631

LE CARDINAL DONNET

ET SES ARBRES AIMÉS

PAR

Mlle DURAND DE LA GRANGÈRE

Mlle Membre de l'Académie Mont-Réal de Toulouse.

Prends ton vol, ô mon cœur! la terre n'a plus d'ombres,
Et les oiseaux du ciel, les rêves infinis,
Les blanches visions qui cherchent les lieux sombres,
Bientôt n'auront plus d'arbre où déposer leurs nids!..

VICTOR DE LAPRADE. *La mort d'un Chêne.*

BORDEAUX

IMPRIMERIE J. DURAND

20, RUE CONDILLAC, 20

1886

DÉDIÉ A M. LOUIS BOUÉ.

LE CARDINAL DONNET

ET SES ARBRES AIMÉS.

Lorsque la grandeur s'unit à la simplicité, nous sommes sous le charme, et les émotions reçues reposent en nos cœurs comme de pieux et doux souvenirs.

Le souvenir! Cette seconde vie dans la vie.

C'est ainsi qu'au nom vénéré de *notre bon Cardinal,* ce passé, qui vit toujours en nous, se réveille, nous raconte une grande et belle existence, et aussi mille traits exquis d'une vie simple et bonne.

Nous admirons notre Archevêque, mais nous aimons encore davantage notre Père. Nous le suivons surtout avec bonheur dans ces heures de repos champêtre, où, déposant toutes les dignités du Prince de l'Église, Monseigneur recevait si aimablement quelques amis privilégiés.

Une journée à la campagne du Cardinal.

Quel tableau charmant me retraçait son jeune ami, notre sympathique et brillant avocat, notre aimable poète bordelais, celui qui l'a si bien chanté en son ravissant poème, où, à côté des pensées et des sentiments les plus élevés, exprimés avec ce talent et ce charme supérieur que nous admirons et que nous aimons, Monseigneur est peint si gracieusement parmi ses fleurs et ses oiseaux !

J'avais donc été, — me dit M. Louis Boué, invité par son Éminence, — passer une journée à Mérignac, dans ce délicieux domaine des archevêques de Bordeaux, qu'il affectionnait tant. Comme il fut bon, mon Évêque et comme je sentais, pendant cette douce journée, grandir pour lui mon amour et ma vénération !

Quel bienveillant et paternel accueil ! Quelle conversation intéressante ! Que de récits divers !

Avec une bonhomie toute rustique, Monseigneur

entrait dans les moindres détails de la vie rurale.
Il m'amena visiter et goûter ses vins, dont il était
fier. Là, *notre bon Cardinal* faisait lui-même ses
petites opérations vinicoles, entravé seulement
par les toiles d'araignées qui s'enroulaient sans
aucun respect dans ses cheveux blancs, et qui
recouvraient aussi ses vieilles bouteilles, dont il
prit la plus poudreuse, pour faire honneur à son
jeune ami.

Et tout en écoutant et regardant son Éminence,
je songeai. Quel contraste j'avais sous les yeux!
Cette pourpre revêtant ce vieillard vénérable, ce
grand dignitaire de l'Église; et cette vétusté, cette
poussière du vieux chai! Grandeur et néant!

Notre Archevêque me fit visiter ses fleurs
dont les belles collections étaient infiniment
rares et variées, me présenta ses superbes oiseaux
blancs, ses cygnes majestueux qui, accourant à sa
voix, suivis de ses moineaux gourmands, venaient
manger tout familièrement dans sa main bénie. Il
me présenta aussi ses chères hirondelles, gazouil
lant autour de nous et nichant gaies, confiantes,
sous le toit de son Éminence.

Puis, passant de toutes ces choses riantes et familières au sérieux de sa vie de Prêtre et d'Évêque, sa conversation prit un tour grave qui m'impressionna vivement.

Quelle mémoire! quelle belle intelligence! quel livre que cette existence! Vinrent aussi les confidences qui honorent. Il me dit, notre cardinal, ses lourdes responsabilités de Pasteur des âmes, ses grandes préoccupations. Et aussi se firent jour, les abandons intimes de cœur, les épanchements de l'amitié.

— Tenez, mon cher enfant, me dit-il tout à coup, tout attendri, vous me trouvez dans un de ces moments où le courage le mieux trempé, le plus vaillant, n'est pourtant pas maître de lui-même et se trouve faible devant un évènement en apparence de bien peu d'importance (au moins aux yeux du vulgaire), vous êtes doublement le bienvenu aujourd'hui, oui, le cœur trop plein a parfois besoin d'un ami.

J'écoutais anxieux et attentif.

Ah! c'est une douloureuse histoire que vous allez entendre, ajouta-t-il en s'animant.

Mon attention redoubla.

Vous connaissez bien n'est-ce pas, continua mon Évêque, la propriété que j'ai donnée aux Frères des écoles chrétiennes, afin qu'ils fussent heureux et libres chez eux?

Il vous souvient de la belle forêt de chênes qui en était le plus bel ornement.... Mes magnifiques arbres, chacun d'eux avait son histoire que j'aimais à raviver dans mon souvenir, histoire précieuse que je me plaisais tant à raconter! Tous étaient des amis qui me prêtaient leur ombrage si frais et si beau!... Ah! que de fois, au bruissement de leur feuillage, ma pensée fatiguée s'est-elle reposée. Que de fois, la solitude, parmi eux, a-t-elle rafraîchi ma vie, parfois si agitée! C'étaient *mes arbres bien-aimés!*

Eh bien! mon cher enfant, ils n'existent plus, mes arbres!

Il y a quelques jours, j'allais faire une visite aux Frères, et que vois-je? mes chênes brûlant dans leurs cheminées. Oui, mes arbres au feu!!

Ici se fit un silence, le bon Cardinal ne pouvait plus parler.

Et ce qu'il y a de très triste, reprit-il enfin, c'est qu'ils n'ont rien compris à l'acte de vandalisme qu'ils ont commis. C'est qu'ils étaient radieux, épanouis, de chauffer ainsi toute la maison. C'est qu'ils me remerciaient avec effusion...

Comprenez-vous cette horrible scène? je les vois, mes arbres, frémissant sous la cognée cruelle et féroce, ces géants centenaires dont l'écorce déchirée exhale des gémissements, mes chênes, douloureusement étonnés, s'écriant : Ah! où donc est notre Archevêque, qui nous laisse mourir, sacrifier ainsi?

Où donc est notre Cardinal?

Mais la hache continue son œuvre, et cette majesté, respectée des siècles, croule sous le fer destructeur et inconscient de son crime. Et la grande âme de François de Paule, pleurant sur chaque branche qui tombe, plane et saigne autour de l'arbre superbe qui a eu l'honneur de lui prêter son abri. Eh! comment auraient-ils compris cette âme, ceux qui frappaient sans pitié ni merci? ceux qui étaient capables de cet acte sans nom? ceux qui n'avaient pas été arrêtés, saisis, par le spectacle si grandiose, si imposant de ma belle forêt? ceux enfin qui méritaient d'être jetés en Égypte, exilés parmi ses momies qui ne voient pas, qui ne comprennent pas, qui ne sentent pas, qui n'aiment pas surtout?

Saint et cher frère Alphonse! s'écria le Cardinal, ah! que n'étiez-vous là pour empêcher pareille catastrophe! Ce n'est pas vous qui auriez ainsi dévasté ma forêt; vous seriez plutôt mille fois mort de froid! Comme votre vénéré souvenir est arrivé heureusement pour contenir mon indignation contre ceux qui méritaient si bien, par cet acte barbare, d'être traités de frères ignorantins!

Enfin, Dieu leur pardonne, mais je ne me consolerai pas, moi. Et se tournant de mon côté : Je compte, dit-il, sur l'indignation de votre muse pour me venger. Cela vous sera difficile, mon enfant, de vous mettre en colère, vous qui ne savez que chanter.

Le bon Cardinal suffoquait.

Je l'avoue, je m'attendais à un malheur plus grand; cependant, je consolai de mon mieux mon évêque, comprenant et partageant d'ailleurs tout son courroux.

Mais voilà qu'au milieu de ce torrent de désolation, de ce silence pénible qui suit toujours les grandes crises, et par cette loi souveraine des contrastes et des compensations, à cette heure du soir toute pleine de mystère, où tout est apaisement, à ce moment où le soleil s'éteint, où tous les murmures de la nuit s'élèvent comme un divin concert, où dans l'air embaumé mille vagues senteurs de fleurs, de fruits, de fenaison ravivent en nos cœurs des souvenirs d'enfance, de jeunesse, de famille aimée et disparue, nous apparaissent voletant toute mystérieuses et comme descendant du ciel, une douce fauvette et une jolie mésange... les deux oiseaux familiers du Cardinal.

L'Évêque sourit et se calma.

Chacune de ces charmantes chanteuses se pose sur son épaule. L'une s'ébat joyeuse et tendre, jette aux échos son clair ramage, lance sa note la plus belle. L'autre le becquette et l'effleure de ses petits baisers d'oiseau. Et toutes deux, de compagnie, se glissent dans cette belle chevelure blanche comme dans un nid leur appartenant.

Et les cygnes d'accourir en frappant l'air de leurs ailes, jaloux des plus petits qui avaient la meilleure place.

Toutes les foudres du Cardinal tombèrent à ce moment. Voyez-vous, me dit-il doucement et tout ému, elles partagent ma peine, mes chères petites bêtes, ah! elles aussi aimaient bien *mes beaux arbres!*

L'Archevêque les caressa beaucoup et longtemps, me les fit admirer en me disant : Comme Dieu est bon de nous ménager toujours une consolation à côté de l'épreuve!

J'avais devant moi un touchant spectacle de simplicité et de grandeur et j'étais moi-même tout vibrant d'émotion.

C'était vraiment un tableau biblique, tableau digne de rappeler aussi le doux François d'Assises nommant les poissons ses frères, causant avec les oiseaux ses amis.

J'allais bientôt prendre congé de Monseigneur. Cette journée, si remplie d'impressions diverses, était près de finir, un dernier épisode d'intérieur vint la clore.

Le brave Jacques, le vieux jardinier, soupirant et boitant, suivi de son chien fidèle, se présente et demande de l'argent au Cardinal, qui venait précisément de vider sa bourse dans la main d'un malheureux, car il donnait sans cesse, notre Archevêque : sa porte, comme son cœur, était toujours ouverte à toutes les souffrances.

De l'argent! s'écrie son Éminence... ah! vous arrivez bien, je n'en ai point. — Votre Éminence n'a pas d'argent! et comment remplacer nos barrières brisées! pas d'argent, un Cardinal! mais aussi, pourquoi faire bâtir tant de clochers? Et Jacques, furieux, s'en va en appelant César. Le bon chien n'écoute pas, il reste couché aux pieds de l'Archevêque, le comble de mille tendresses, comme pour expier l'impertinence de son maître.

— Voyez-vous comment on me malmène, me dit mon Évêque. Il mériterait bien son renvoi, monsieur Jacques, puis, ajouta-t-il avec bonté, loin de moi il n'aurait pas de pain, il est vieux, infirme, il faut que je le supporte. D'ailleurs, il m'est dévoué, il m'aime, mais c'est un caractère inquiet, fâcheux, qui a toujours peur de manquer, il ne cesse de me prédire que nous mourrons tous les deux sur la paille, ou à l'hôpital, le pauvre homme!

Et comme par respect, je réprimais un peu mon hilarité : Riez, riez, mon cher enfant, me dit l'Archevêque, le rire est si naturel à votre âge, c'est si beau la jeunesse! Et il continua sa causerie toute parsemée de cette gaieté, de cet esprit gaulois qui était son partage.

L'heure était avancée, j'allais partir. Cette journée, trop courte, devait compter cependant bien grandement dans ma vie, puisqu'elle allait être bientôt, hélas! un précieux mais bien douloureux souvenir. Je me levai donc et remerciai chaleureusement mon Évêque de ces moments si bons, passés prés de lui. Je ne pouvais me décider à le quitter. Mon cœur était oppressé de je ne sais quelle vague appréhension. L'âme a parfois des pressentiments qui, malheureusement, souvent se réalisent.

Monseigneur m'embrassa tout paternellement, me donna sa meilleure bénédiction, en retour de la promesse formelle de revenir bientôt avec un travail vengeur contre ces assassins (c'est ainsi qu'il qualifiait les destructeurs de ses beaux chênes). Il ne suffit pas toujours, mon ami, me dit-il, de chanter le bien, il faut aussi flétrir le mal; mais il ne put s'empêcher de sourire, mon Évêque, en réclamant de moi sa vengeance, lui dont l'indulgence était la suprême vertu.

Hélas! je ne devais plus revenir! c'était une journée d'adieu!!

Et le poëte, l'ami, ne put réaliser le désir de *son Cardinal*.

Il est donné à une autre voix d'enfant, qui aussi vous aime, vous vénère et vous pleure amèrement, Éminence, de rappeler, non point avec le même talent, mais bien avec le même cœur, de redire ce douloureux et intéressant épisode de vos *Arbres aimés*.

Ce n'est plus un cri de vengeance. Votre séjour est maintenant dans la Patrie des grands pardons, des ineffables miséricordes.

C'est donc *un souvenir!*

Le temps fuit, le temps vole emportant tout avec lui! Ce grand maître brise et fauche sur son passage, mais n'a pourtant pas le droit de toucher à ce trésor du cœur, trésor si intime et si délicat : *le Souvenir!* il ne peut le ternir, le briser ; malgré lui, il le vivifie, car *le présent fuit, le passé vit toujours!*

C'est ainsi, Monseigneur, que dans le cœur de vos enfants, dans nos cœurs désolés, s'élève un culte, devenu encore plus cher, consacré, hélas! par la mort.

Le temps! *Cette grande puissance devient impuissante,* elle s'incline devant cette fleur suave : *le Souvenir!* Fleur devenue immortelle sur votre front maintenant immortel!!

Un jour mémorablement triste se lève bientôt, Pey-Berland fait entendre sa grande voix, son bourdon s'émeut, frémit et s'étonne. Il tinte long-temps un glas lugubre, sa plainte douloureuse et funèbre. Il *sanglote sa grande* note suprême!

La Vierge sainte d'Aquitaine, Notre-Dame de la Vieille-Tour, bénit et reçoit au Ciel son Évêque, celui à qui elle doit son magnifique trône ici-bas.

Bordeaux pleurait de grandes larmes !

Bordeaux pleurait *son Cardinal!!*

Hirondelles aimées, oiseaux du *bon Dieu* et du *bon Cardinal,* vous qui avez des ailes, volez, volez au ciel, vous le retrouverez. Envolez-vous ! Tout est si triste autour de votre nid ; la jolie campagne, morne, prend un aspect désolé, elle a perdu son charme, elle n'a plus sa vie !

Les fleurs décolorées se penchent sur leur tige, et le chien du foyer, fait entendre ses cris plaintifs.

Les beaux oiseaux tout blancs, enveloppés de leur manteau de deuil, attendent tristement, immobiles sur l'eau.

Jacques ne verra plus le bon maître qu'il aime.

Et les d'Aviau, les Cheverus descendus des splendeurs éternelles, reviennent dans leur ancien domaine. Ombres célestes, noble et douce vision, reparues sous les voûtes de la chapelle antique, en prière comme autrefois. Gloire aux deux âmes saintes envoyées vers la grande âme qui laisse en ce moment la terre!...

Trinité admirable, s'élançant vers le ciel et pour l'éternité, allant s'unir à la *Trinité de Dieu!!*

Au fond du bois se taisait la fauvette. Et dans son nid la mésange pleurait!!